AF335743

CATECHISME
DES PARTISANS,

OV

RESOLVTIONS THEOLOGIQVES,
touchant l'Impofition, Leuées & Employ
des Finances.

*Dreffé par Demandes & Refponces, pour plus
grande facilité.*

PAR LE R. P. D. P. D. S. I.

A PARIS,

Chez CARDIN BESONGNE, ruë
d'Escoffe pres S. Hilaire.

M. D. C. XLIX.

AVEC PERMISSION.

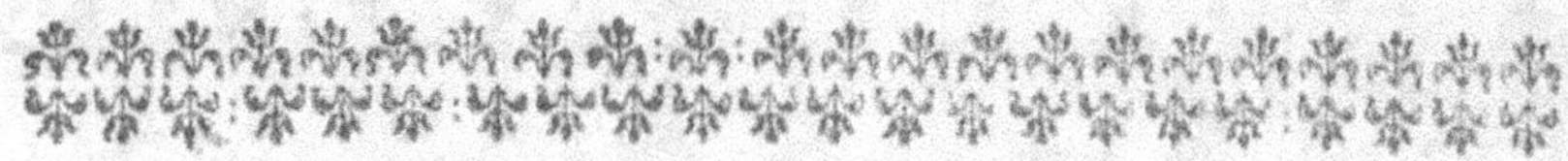

AV LECTEVR.

IE ne doute point (Mon cher Lecteur) qu'apres auoir ietté les yeux sur ce petit ouurage, tu ne souspires en ton cœur, & n'ayes des desirs inutiles, en souhaittant qu'il eust esté composé il y a trente ans, dans la creance qu'il auroit peu seruir de barriere à l'auarice qui a fait tant de rauages en France, & qui est la source de tous les maux que nous souffrons. Mais puis que nous ne pouuons pas r'appeller le passé, tout ce que ie te demande est d'eleuer ton cœur à Dieu, & le prier auec ferueur, qu'il inspire dans celuy des Partisans vn mouuement de contrition & de restitution volontaire, sans attendre d'y estre forcez par les Loix & la seuerité de la Iustice.

CATECHISME
DES PARTISANS,

OV

RESOLVTIONS THEOLOGIQVES,

touchant l'Impofition, leuées & employ des Finance.

Dreffé par Demandes & Refponces pour plus grande facilité.

PAR LE R. P. D. P. D. S. I.

Demande.

V'EST-CE que le Roy?

Refponce.

Vovs m'auriez fait plus de plaifir de me demander qu'eft-ce que Dieu, puis qu'à l'imitation d'vn Ancien, apres auoir pris du temps pour y refpondre, ie ferois quitte en auoüant mon ignorance; Car aujourd'huy la flaterie met la Royauté en vn tel poinct, l'Intereft, l'Ambition & l'Auarice s'en forment vne idée fi eftrange, que fi Dieu venoit en terre, non plus dans la vie abjecte de Iefus-Chrift, mais dans l'efclat, la fplendeur & la vertu de l'vn de fes Seraphins, à peine trouueroit-il place, non pas dans la maifon du Roy, mais parmy les domeftiques d'vn Fauory.

A ij

D. Ie ne m'imforme point quel peut eſtre le ſentiment de ceux qui n'ont point d'autre Dieu que leur intereſt, ny d'autre Religion que la ſatisfaction de leurs ſens ; Ie demande quel eſt le voſtre, & quel doit eſtre celuy d'vn veritable Chreſtien.

R. Puis que vous le deſirez ainſi & qu'il ne m'eſt pas permis de vous refuſer, & que d'ailleurs dans les Catechiſmes que nous dreſſons pour l'inſtruction des enfans dans les myſteres de noſtre creance, nous commençons par l'eſtre de Dieu, qui eſt le fondement de tout, en leur apprénant ce qu'il eſt : encore que nous ſçachions par la foy que Dieu eſt incomprehenſible, & que nous n'ayons point de noms ny de termes par leſquels nous le puiſſions parfaictement exprimer ny definir. De la meſme maniere & par proportion pourtant, car il ne faut iamais faire de parallelle des hommes auec Dieu. Ie diray que le Roy eſt l'Image viuante de Dieu ; le caractere de ſa majeſté, de ſa grandeur, de ſon authorité & de ſon independance. Le premier mobile ſous cét Empire immuable, qui par ſes ordres donne le bråle & le mouuement à tous les inferieurs. C'eſt le Souuerain viſible ſous ce ſupreme inuiſible, pour la direction & l'exercice de ſa prouidence & de ſa iuſtice temporelle ſur les hommes, ſans autre depeſdance que celle de Dieu. En vn mot, c'eſt le premier rayon emané de ce Soleil Increé ; le premier ruiſſeau de c'eſt Occean infini, qui communique les lumieres & les eaux pour la direction du corps & des biens de fortune ; & auquel en cette qualité nous ſommes attachez apres Dieu, par plus de deuoirs qu'à aucune autre puiſſance temporelle.

D. Le Roy eſt ille Maiſtre de la vie de ſes ſujets ?

Reſponſe,

Response, Ouy, mais non pas en la maniere que l'entend la Politique de Machiauel ; mais en celle que nous apprenons de l'Euangile : c'est à dire qu'exerçant la iustice de Dieu sur les hommes, il a droit de leur oster la vie, ou de la leur conseruer, conformément aux Loix de Dieu & non autrement ; ou à celles qu'il a establies & qui ne derogent point à celles de Dieu, s'il ne veut pecher. Car c'est vne chose qu'il faut bien obseruer, & qui sert comme de fondement aux responses qu'on doit faire à toutes les questions qui se peuuent proposer en ces matieres. Que les Roys ne sont pas d'eux mesmes absoluts & independants ; Qu'il n'y a que Dieu qui possede cette persection par soy-mesme & de soy mesme, & qu'ils dependent absolument de luy, & ne peuuent rien au delà de ses loix, ny de ses ordonnances, comme les Gouuerneurs des Prouinces sont obligez de suiure les ordres & les commandements des Roys. Et c'est pour cette raison que dans l'Ancien Testament il estoit ordonné au Roy de prendre le liure de la Loy de la main du Prestre : & que dans celuy de la Nouuelle Alliance, on luy fait baiser celuy de l'Euangile, lors qu'il assiste au sacrifice auguste du corps de Iesus Christ, pour luy monstrer l'obligation qu'il a de suiure les ordres de Dieu & de l'Euangile, & la protestation continuelle qu'il fait de les obseruer. Ainsi le droict de vie & de mort qu'a le Souuerain sur ses subiets, doit estre reglé par ces regles diuines & infaillibles, lors qu'il s'agist ou de tirer vengeance des crimes ou de pardonner aux coulpables. Et c'est sur ce fondement que Sainct Paul les propose comme redoutables, n'ayant pas inutilement le glaiue à la main ; & que le Chancelier refuse de sceller les lettres de grace, lors qu'il voit qu'elles ne sont pas dans l'ordre de la Iustice.

D. S'il y a des limittes au pouuoir des Roys touchant la vie des hommes, y en a-t'il aussi en ce qui regarde leurs facultez? Le Roy n'est-il pas le maistre de tous les biens de ses Subjets? N'a-il pas droict d'en disposer selon son plaisir, sans autre motif ny consideration que sa seule volonté? En sorte que quand il prendroit tout, il n'vseroit que de son droit, & s'il en laisse quelque chose, c'est vne grace & vne aumosne qu'il fait de laquelle on luy a obligation, & à laquelle il n'estoit point obligé?

R. Nullement. Ce sont des maximes impies, damnables, & abominables, qui ne sçauroient estre approuuées ny authorisées parmy les peuples les plus barbares & les plus desnaturez, & qui n'ont esté inuentées que depuis quelques années par des sangsuës populaires, par des hommes de gourmandise, de luxure & d'auarice, pour seruir de pretexte aux vols & aux violences qu'ils ont faites à l'oppression de tout le monde, qui sont cause des troubles & des mouuements que nous voyons à nostre grand regret, & dont les sentiments auroient esté tous contraires s'ils auoient esté en estat d'estre pressez, au lieu que non pas leur merite, mais la fortune ou le mauuais genie de la France les auoit mis en celuy de mettre les autres au pressoir, afin d'en exprimer le sang, côme ils ont fait presque iusqu'à la derniere goutte. Il faut donc raisóner sur les biens, de la mesme sorte & par proportion que sur les vies, & mettre en tout & par tout les loix de Dieu, de l'Euaugile & de la Charité, comme vn flambeau pour seruir de conduitte, afin d'euiter les escueils & les precipices qui se rencontrent dans les fonctions de la puissance Souueraine.

D.   Et quoy le Roy n'a-il pas le pouuoir de faire des impositions & des leuées sur ses Peuples?

R. Ouy. Aussi ne sçauroit-on tirer le contraire de ce que nous venons de dire, où nous n'auons respondu qu'à la folie des impies, qui voulant tout mettre en la liberté du Roy & vie & biens, sans autre regle, ny raison, que sa seule volonté, iustifieroient les cruautez des plus barbares & rendroient les plus cruels tyrans impeccables dans leur côduitte. Ils peuuent donc imposer des contributions, ils peuuent faire des leuées. Mais tousiours dans l'ordre de la Iustice Chrestienne & dans les circonstances necessaires pour faire qu'elles ne soient pas criminelles.

D. Enseignez nous qu'elles sont ces conditions? car c'est le poinct le plus important en cette matiere & sans lequel, ny estât pas instruits comme il faut, nous ne sçaurions à quoy nous resoudre dans les occurences qui se peuuent presenter.

R.   I'aduouë que cette question est de grande consequence & bien necessaire; Mais aussi vous diray-je qu'elle en enueloppe & enferme tât d'autres auec elle, que pour luy donner tout le iour qu'elle demanderoit afin qu'il ny restat rien à expliquer, il faudroit composer vn volume de plus de trente feüilles. Neátmoins pour vostre satisfaction presente, en attendant peut estre que ie le fasse plus à loisir, ie tascheray de l'esclaircir par quelques veritez que ie proposeray sans autre ordre que celuy auec lequel elles se presenteront à ma memoire. Premierement. Que côme diuers Royaumes peuuent estre regis par diuerses Loix, ie ne traitte ces matieres que pour la France & par les regles soubs lesquelles les François doiuent estre regis. 2. Que le Royaume de France n'est pas vn estat tyrannique, ou le Souuerain n'ayt pour object de sa conduitte que sa seule passion. 3. Que c'est vn Royaume Chrestié, & Catholique, & qui depuis Clouis à fait gloire de se tenir ferme aux maximes de l'Euangile par dessus tous les Royaumes de la terre, ce qui a donné à nos Roys le nom glorieux de tres-Chrestiens. 4. Que nos Roys ont leur Domaine separé d'auec celuy de leurs subjects. 5. Que plusieurs Prouinces de la France ne sont pas nées auec l'Estat, & ny ont point esté vnies par les conquestes de nos Princes : mais se sont volontairemét soumises & données, auec des conditiõs & des reserues, tãt pour leurs personnes que pour leurs biens, auec les contributions qu'elles deuroiét, faire & la maniere auec laquelle elles les feroiét : ce que les Roys ont stipulé, accordé & promis, & ont obligé tant eux que leurs successeurs à les entretenir. Car si les cõtracts entre des particuliers sont reciproquemét obligatoires, il ne faut point douter qu'ils ne le soient dauantage, lors qu'ils regardent le public, ou des cõmunautez; & qu'il ny aye obligation en conscience de les obseruer de part & d'autre auec sincerité & bonne foy. De ces veritez qui sont notoires d'elles-mesme; Il s'ensuit que le droict que le Roy à de faire des impositions & des leuées sur ses subjects, doit estre reduit dans les limittes de la necessité, lors que son Domaine n'est pas suffisant pour y subuenir, & selon les concordats pour les Prouinces qui se sont données.

D. Mais sans faire distinction de Prouinces, dittes-nous qu'elles sont ces necessitez?

R. Ces necessitez sont, la conseruation de la personne du Roy,

Roy: Son rachapt s'il estoit en captiuité; La desféce de l'Estat côtre les ennemis estrangers & domestiques: Le repos & la tranquillité des peuples, contre les factions, les rebellions, les vols, les iniustices, les violences des particuliers, & toutes choses generalemét quelconques qui causent la ruine, ou dômage notable au bien public. Car comme le Roy n'est pas moins obligé de proteger son peuple & le deffendre de l'oppression qui luy est faite par les puissants dans son Royaume, que de l'incursion & inuasion des ennemis estrangers, le peuple n'a pas moins d'obligation de contribuer pour sa deffence contre ceux-là & sa deliurance de ces ennemis domestiques, que contre ceux qui combattét sous les liurées d'vn Prince estrãger. Ainsi il n'y a point de doute que le Roy peut imposer & que le peuple doit contribuer ce qui est necessaire en telles occurrences. Ie ne parle point des droicts feodaux, ny destailles qu'on appelle au quatre cas, parce que tout cela est reglé par les ordonnances generales, ou par les coustumes locales.

D. Comment se doiuent faire ces impositions & ces leuées?

R. Elles se doiuent faire selon la condition & la proportion des facultez & des biens de chaque particulier & comme au sol la liure en sorte que personne n'en soit exempt. Car comme tous ont égal interest a la conseruation du Roy, & au bien de l'Estat, aucun ne se peut dispenser de contribuer au repos de l'vn & de l'autre. Et comme dans le corps toutes les parties n'agissent pas par égale contribution a la conseruation du tout, mais chacune selon sa pòrtée & sa condition, ainsi ce seroit vne chofe ridicule & honteufe de demander autant de contribution a vn pauure qu'à vn riche, lors qu'il eſt que-ſtion de faire des leuées pour les neceſſitez de l'eſtat.

D. Quel iugement faites-vous donc de ceux qui ne ſe contentent pas de ne rien contribuer encore qu'ils ſoient fort riches, mais qui ſe ſeruent de ces occaſions pour s'enrichir, apliequant a leur profit particulier & pour s'eſleuer au delà de leur naiſſance & de leur condi-tion, vne partie de ce qui eſtoit neceſſaire & deſtiné pour la conſeruation du public?

R. Ie reſponds que ce ſont des monſtres d'hommes, qui n'en ont que la figure exterieure; qui ſont l'execra-tion du Ciel, & doiuent eſtre l'auerſion & l'abomina-tion publicque plus dangereux & plus puniſſables que les ennemis eſtrangers, comme les abcez qui ſe forment dans le corps ſont plus dangereux & a craindre que les puſtulles qui s'eſleuent ſur la peau; Qu'ils pechent mor-tellement & n'en peuuent eſtre abſous qu'aptes la reſti-tution.

D. Les Roys peuuent-ils pas faire des leuées pour aduancer la fortune & faire la maiſon de ceux qu'ils iu-gent particulierement dignes de leur faueur & de leur amitié?

R. Nullement, Car ſuppoſé que l'eſtat n'eſt pas ty-rannique, & qu'ils ont leur domaine pour en diſpoſer a leur gré, la ſeule neceſſité leur donne la liberté de foüiller dans la bource de leurs peuples, qui eſt comme vn bien eſträger, & ſur lequel hors ceſte conſtäce ils n'ont point de droiĉt. Et ſi pour leur ſatisfaction particuliere, com-me pour le luxe de baſtiments, d'habits, d'ameuble-

meublements, de bals, de comedies, & autres diuertis-
sements qui regardent le plaisir des sens, ils n'ont pas
ceste liberté, & ne peuuent en conscience employer a
ces choses que leur domaine & non pas la sueur & le
sang des miserables, a plus forte raison ne le peuuent ils
pas faire pour l'agrandissement des personnes particu-
lieres, qui d'ailleurs pour l'ordinaire abusét de ces biés,
s'en seruent pour les prodiguer en luxe & se damner, &
bien souuent pour se faisant des creatures, se rendre in-
solens & insupportables aux peuples, & formidables
à leurs propres maistres.

D. Du moins ne pouuez-vous pas desnier qu'ils ne
puissent imposer quelques sommes, quand ce ne seroit
que sur les denrées, pour l'aduancement des commu-
nautez & l'entretien des congregations regulieres?

R. Encore moins, s'il faut ainsi parler ; non pas que
le pouuoir soit moindre, ou le mal plus grand de faire
des impositions & leuées pour ceste fin, que pour la sa-
tis-faction insatiable de quelques fauoris : mais ie veux
dire, que comme les pechez sont plus grands, quand on
se sert dans les charmes des mots de l'Euangile, plustost
que des termes prophanes ; le mal est en quelque maniere plus dangereux & a craindre, quand sous le manteau de pieté & de deuotion, il veut passer pour vn bien
qui merite la recompense du Ciel auec la loüange des
hommes : par ce que entretenant l'esprit dans cét aueu-
glement il l'empesche de se cognoistre, de s'amander
& d'en faire penitence. Et mon esprit est dans vn eston-
nement dont il ne sçauroit sortir, de voir des impositions
publicques & permanentes, sur les choses que la nature

donne & qui font neceſſaires pour la vie des hommes,
pour eſtre employez en des ſuperbes baſtiments, pour ne
dire peut eſtre au change, & à la banque, qui ne reſſen-
tent rié de la pauureté, ny de l'humilité religieuſe. Nous
ne liſons pas ces conduittes dans le vieil Teſtament, ny
aucunes impoſitions excepté les decimes, pour les Leui-
tes, les Recabites, les Scribes ny les Phariſiens: l'Egliſe
durant quinze ſiecles n'a eu cognoiſſáce, ny pratique, de
ces maximes, & elles n'ont commencé à paroiſtre &
auoir cours que dans nos temps, & dés qu'on a quitté la
Theologie de l'Euangile & la Morale veritablement
Chreſtienne.

D. Quelles impoſitions ſe peuuent & doiuent
faire?

R. On ne ſçauroit bien conſtamment, ny auec vne
détermination arreſtee reſpondre a ceſte demande. Il y
en a de pluſieurs ſortes. Les vnes ſe font par impoſition
pecuniaire ſur les fonds, ou ſur les perſonnes, ou ſur tous
les deux, qu'on nomme tailles, reelles, perſonnelles,
ou mixtes. Les autres ſur les dérées neceſſaires à la vie &
qui croiſſent dans le Royaume, comme ſur le vin & le ſel.
Les autres ſur les choſes qui entrent des Royaumes e-
ſtrangers dans lenoſtre, ou ſortent du noſtre pour
paſſer dans les eſtrangers, qu'on appelle doüanes ou
traittes foraines. Pour celles qui regardent les tailles
mixtes, il ſemble qu'elles ſoient les plus iuſtes &
les plus équitables: car comme l'Eſtat contient &
le ſol, & les hommes, il eſt bien raiſonnable que l'vn
& l'autre contribuë a ſa conſeruation, dans vn ordre & proportion conuenable. Pour celles qui con-

cernent

cernent les chofes neceffaires à la vie & qui croiffent
dans le Royaume, ce font les plus dures & les moins
Chreftiennes: car quelle apparence de mettre de l'en-
cher,efur ce dont les pauures ne fe peuuent paffer & que
la nature nous donne pour noftre entretien, ou fans trauail, ou auec peu de trauail? n'eft ce pas affez que ie
paye ou pour ma terre, ou pour ma perfonne, felon ma
condition & mon trauail, fans payer pour le vin qui viét
fur ma terre, qui n'eft que le fruict de mon fonds & de
mon labeur? Il n'en eft pas de mefme des doüanes &
traittes foraines, lefquelles eftant des marques de l'authorité du Prince, tiennent en quelque forte de la nature de fon domaine : d'autant que le Roy eftant le mai-
ftre de fon Eftat, il a droit par cette feule confideration,
fans autre neceffité, d'empefcher ou de permettre le
commerce auec les eftrangers, principalement pour
lés chofes dont on fe peut paffer facilemét & qui pour
l'ordinaire ne feruent qu'au luxe & à la vanité: de façon
qu'il peut tirer recognoiffance de la permiffion qu'il
donne, du tranfport reciproque de ces marchandifes,
dedans ou dehors fon Royaume; Mais auffi cette taxe
doit eftre moderée, ne doit eftre que dans les villes
frontieres, pour les entrées ou forties du Royaume, & non
pas dans le Royaume, pour ce qui paffe d'vne prouince à
l'autre, ce qui feroit rendre l'Eftat eftráger a foy mefme;
ny pour toutes ces entrées de villes, lefquelles quelque
tiltre fpecieux qu'on leur donne, font toufiours des marques de diuifion, entre les freres, dans vne mefme maifon
& fous vn mefme pere.

  D. Que dittes vous des fubfiftances?

R. Le mesme que i'ay dit des tailles, puis qu'il ny à point de difference. Ce n'est qu'vn nouueau nom inuenté depuis peu d'annees, pour donner nouuelle couuerture à l'oppreſſion: qui a plus cauſé de ruines à l'Eſtat en ſix ou ſept ans, que les tailles n'en auoient fait en cinquante, par la barbarie des partiſans & de leurs commis. Et Dieu veüille que celuy qui en a eſté l'inuenteur, n'en reſſente point à preſent la punition, dans la violence de ces flames qui ne s'eſteignent iamais.

D. Vous venez d'auancer vne parole qui m'eſtonne & qui en fera bien eſtonner d'autres; hé quoy le Roy eſt-il de moindre condition qu'vn particulier? ne peut-il pas diſpoſer de ſon bien comme il luy plaiſt? ne peut-il pas le mettre en parry? & ceux qui en traſttent de cette ſorte, ſont-ils pires que ceux qui font vn autre trafic pour l'auancement de leur famille & l'éleuation de leurs enfans? y a t'il rien en cela qui ne ſoit licite?

R. Vous n'eſtes pas le premier qui auez propoſé cette difficulté, c'eſt le manteau dont ſe couurent tous les hommes qu'on nomme d'affaires, pour voler auec impunité, & en bonne conſcience ſi leur ſemble, & le Roy & ſes ſubjets. C'eſt ſous ce beau pretexte, que leurs maiſons ſont cimentées du ſang des peuples, que leurs ameublements ſont compoſez des larmes des veufues, & qu'ils portent ſans rougir iuſqu'au pied de l'autel & a la Table de Ieſus-Chriſt, la pourpre & le luxe tiré de la ſubſtance des orphelins & des miſerables. Or pour vous releuer de ceſt eſtonnement & les deſabuſer, il faut obſeruer que dans ce fait, ce n'eſt pas le nom qui fait le crime, mais la choſe qui eſt exprimée par ce nom: ie veux dire que ce n'est pas le terme de Party, ou de Partisan, qui est odieux, & à detester, mais ce qui nous est signifié par iceux.

D. C'est ce qu'il y a long-temps que ie desire de sçauoir, & que ie vous prie de m'enseigner?

R. Les noms comme vous sçauez, n'ont point de signification, que celle que les hommes leur donnent, ou qui prennent cours dans la suite des temps. Ainsi ces mots de PARTY & de PARTISAN, comme ces autres de TRAITE & de TRAITANT, qui disent la mesme chose, ne disent rien de soy de mauuais, & sont indifferens pour estre appliquez en bien ou en mal; de maniere que tous les Marchands qui viuent de leur trafic & en gens de bien, peuuent estre appellez Traitans, & toutes leurs ventes & achapts des traitez : mais ie prends ces mots selon le cours commun qu'ils ont en Fráce depuis quelques années, où l'on appelle Traitans ou Partisans, vne secte de personnes qui composent auec le Roy, de certaines sómes liquides, que la necessité des affaires l'oblige de leuer sur ses peuples, à beaucoup moins qu'elles ne se montent, comme au quint ou au quart prés, & les contracts & actes par lesquels ils stipulent, c'est ce qu'ó nóme TRAITEZ ou PARTIS.

D. Et qui a-il en tout cela qui ne soit iuste & honnorable?

R. Vous le conceurez plus facilement si nous en posons le faict, suiuant la methode des Iurisconsultes, quand il s'agist de quelque resolution. Supposons donc par exemple, que pour les necessitez de la guerre & l'entretien des armées, il aye fallu imposer & leuer sur le peuple douze millions de liures, que l'on a distribué partie en augmentation de tailles, partie en taxes sur les officiers & partie en creation de nouueaux offices. Pour léuer cette somme, on traitte auec des personnes qui s'en chargent, moyennant neuf millions, qu'ils fournissent au Roy, ou peut estre moins, le reste leur reuenant bon pour leurs peines. Ie dis en ce cas, que ces personnes offencent mortellement, qu'elles volent ce quart au Roy & a l'Estat, qu'elles sont obligées de le restituer, & n'y a personne qui les en puisse dispenser.

D. Mais ils font des auances & rendent l'argent plus promptement & plus prest au besoin.

R. Il n'importe: pource, que, si tout Chrestien est obligé d'assister son prochain gratuitement, lors qu'il est en necessité, principalement s'il le peut faire sans aucune perte, il y a bien plus d'obligation d'assister le Roy, qui est le pere & le protecteur du peuple, & pour les necessitez de l'Estat; & si l'on ne peut pas auancer quelque chose laquelle reuient tousiours, comment est-ce qu'on contribuëroit de sa bource aux despences necessaires pour le bien du public? Ioint que comme tous les interests des particuliers, sont essentiellement engagez dans ceux du general, tous ces traittans ou partisans, qui font partie du corps de l'Estat, sont obligez d'y contribuer, ce qu'ils ne peuuent moins faire, que par l'auance des sommes qui leur reuiennent auec le temps.

D. Si cela est ainsi que vous dites, les Tresoriers de l'espargne & autres ne sont pas sans defaut, puis que leurs plus grands profits, viennent des auances qu'ils font, & des grosses remises qui leur sont faites, ce qui met le prix de leurs charges a des sommes immenses au

delà

delà des gages qui leur font attribuez ?

R. Il n'y a point de difficulté en cela, leur condition dans ces occafions n'eft point differente d'auec celle des Partifans, dont ils peuuent porter le nom puis qu'ils en font l'office.

D. Mais les vns & les autres, ne prennent point ces groffes fommes dans leurs bourfes, ils l'empruntent du tiers & du quart, dont ils payent l'intereft, ce qui n'eft pas raifonnable qu'ils faffent à leurs defpens ?

R. A cela ie refponds deux chofes. Premierement, que les obligations de ces particuliers qui leur preftent auec intereft font vfuraires, & par ainfi fujettes à reftitution. En fecond lieu, qu'il y a bien de la difference, de prendre de l'argent d'autruy à cinq ou fix pour cent, afin d'auancer au Roy, pour apres le reprendre fur foy-mefme, & cependant en retenir par fes mains, & en prendre, quinze, dix-huict, ou vingt pour cent. Et c'eft pour ce fujet que tous ces Pattifans & Treforiers font puniffables, puifque faifant auance du bien d'autruy, ils en prennent plus du Roy, qu'ils n'en donnent pas aux particuliers; Ce qu'on ne fçauroit defauoüer eftre vn vol public, puniffable par toutes les Loix diuines & humaines, fi l'on ne veut renoncer non feulement au Chriftianifme, mais au fens commun.

D. Que dites-vous des Treforiers des guerres, qui profitent fur les Payes de la Milice, & des Capitaines, qui retiennent la folde des foldats, & cependant leur permettent de voler pour s'entretenir ?

R. La mefme chofe que i'ay dit des autres, que ce font des larcins, qui non feulement obligent à reftitution, mais qui font puniffables par toute forte de Loix politiques. Et

E

ce que ie trouue de plus estrange dans cét abus, est qu'au lieu d'en faire scrupule, on en fait gloire & estat comme d'vn profit iuste & legitime ; Car aujourd'huy dés lors qu'vne personne a eu la commission pour leuer vne Compagnie ou vn Regiment, on ne fait point la petite bouche, de dire, il y a tãt de bon pour moy, i'auray tant de passevolans, suffira que ma Compagnie ou mon Regiment soient composez de tant d'hommes, la solde des autres sera pour moy. Sans parler des profits des quartiers d'Hyuer, où l'on rançonne les lieux que l'on a pour garnison, qui est vn nouueau genre de vol & de larcin public. Aussi la pluspart ne s'engagent point dans ces exercices, par le desir de l'honneur, ny du seruice du Roy & de l'Estat, mais par celuy de profiter par ces voleries & pilleries, qu'ils se persuadent estre permises & legitimes. Dites le mesme des Tresoriers qui composent des Ordonnances, & des assignations que l'on a tiré sur eux.

D. Depuis quelques années, on a inuenté vne nouuelle sorte d'imposition, sous le nom d'Aysez & sous-Aysez, qui a fait beaucoup de bruit, & dont plusieurs se plaignent, & à mon iugement auec raison : Ie vous prie de m'en dire le vostre ?

R. A cela ie ne sçay que vous respondre. Le cœur me saigne quand i'y pense. Cette inuention n'est pas des hommes, elle ne peut estre sortie que de l'Enfer, pour la ruyne vniuerselle de l'Estat en general, & de chacun en particulier : Qui met les François dans vne condition plus rude qu'ils ne seroient pas sous la domination du Turc, & par laquelle il n'y a personne dans le Royaume, de quelque condition qu'il soit, qui puisse s'asseurer d'auoir vn teston en propre, & dont il puisse faire estat.

D. Ie vous prie de me l'expliquer plus clairement?

R. C'eſt que ſous la domination du Turc, les taxes ſont arreſtées & publiques, ou chacun ſçait ce qu'il doit par teſte, apres quoy il poſſede ſon bien en repos & tranquillité. Au lieu que ſi outre les Tailles & mille impoſitions qui ſont ſur les denrées, que l'on rend infinies par des augmentations ſi eſtranges, que les peuples ſuccombent ſous le faix : Si, dis-je, outre cela, il eſt permis à vn Miniſtre ou à vn Fauory, qui abuſera de l'authorité du Prince, de taxer les particuliers quand bon luy ſemblera, & à telles ſommes qu'il luy plaira, ſous le pretexte qu'ils ſont accommodez dans leur condition, & les contraindre de payer, ou de gré, ou de force : qui ne voit que c'eſt mettre tout le bien des particuliers au pillage de ces inſatiables, & qui ne diront iamais, c'eſt aſſez, encore qu'ils ne trouuent plus rien à prendre. Il y a encore vn autre mal dans cette maudite inuention. C'eſt la methode que l'on a tenuë pour ces leuées ; car ie ne diray en cecy que ce dont ie ſuis témoin, qu'ayant fait ſignifier des taxes d'Ayſez, ceux auſquels la ſignification eſtoit faite, ayant recours aux Partiſans à Paris, ou à leurs ſous-Traitans ou Commis dans les Prouinces, en eſtoient facilement diſpenſez, en donnant à ſousmain le quart ou le tiers de leur taxe, au lieu deſquels on en ſubſtituoit d'autres. Si bien que c'eſtoit vne porte ouuerte à vn brigandage public, & pour vn million, par exemple, de traité qui en venoit au Roy, ou pour mieux dire, à ſes Fauoris, il s'en leuoit quatre ou cinq ſur le pauure peuple. Iugez ſi en ce cas la condition des François, qui ſe diſent libres par deſſus toutes les Nations du monde, n'eſt pas plus mal heureuſe que celle de ceux que nous appellons eſclaues ſous l'Empire du Turc?

D. Bon Dieu lne verrons-nous iamais la fin de ces miseres?

R. Ce sera quand il plaira à ce Maistre Souuerain, d'ou-
urir les yeux du Roy & de la Reyne Regente, pour voir le
sac & la misere, ou ces pestes ont reduit les peuples,
leur toucher le cœur de compassion à l'endroit de l'Estat,
qui n'est plus qu'vn Hospital de miserables ; & leur inspi-
rer l'ardeur & le zele, pour tirer la vengeance proportion-
née au crime, de ceux qui ont ainsi ruyné le Royaume, en
abusant de leur nom & de leur authorité.

D. Vos resolutions me consolent d'autant plus qu'elles sont claires & faciles ; & si ie ne craignois de vous
importuner, i'aurois grande passion de sçauoir vostre
sentiment sur la matiere des prests?

R. Cette matiere est trop vaste pour la bien éclair-
cir quant à present, pource qu'elle enferme auec soy
tout ce qui concerne les vsures, où vous sçauez que la
Theologie à la mode, & la Morale du temps, ont tant
trouué de distinctions, & leur ont donné de si belles
couuertures, que les plus Iuifs sont les plus habiles &
les plus iustes, qui sans risquer, tirent plus de profit de
leur argent. Neantmoins parce que ie voy bien que vostre
demande ne regarde que les prests que l'on fait au Roy, &
en la maniere qu'on les fait à present, c'est à dire, auec des
douze, quinze, dix-huict, ou vingt pour cent de profit. De
cette sorte ie fais la mesme responce, & par les mesmes
raisons, que i'ay fait touchant les Partisans & les Tresoriers. Car encore qu'il y aye quelque difference touchant
le nom & la maniere dont on tire le profit. Neantmoins la
fin & l'effect en sont tousiours les mesmes; Au contraire, il
y auroit lieu de rendre ceux-cy plus coupables & plus cri-
* minels,

minels, puisque les autres ne manquent point de raisons apparentes pour se couurir, que ceux cy ne peuuent aucunement appliquer en leur faueur. Aussi tout le monde sçait l'opposition de Monsieur l'Archeuesque de Paris auec la Sorbonne, à la Declaration enuoyée à la Chambre des Comptes, pour authoriser ces maudits prests, mais plustost ces infames vsures, & les rendre licites à toutes sortes de personnes.

D. Quel iugement faites vous donc de ceux qui prestent pour prester?

R. Mon sentiment est, qu'ils pechent mortellement, encore qu'ils le prestent gratuitement, & sans participer à ce profit infame & criminel que les autres en tirent. Semblables en quelque sorte, à ceux qui presteroient l'eschelle à vn voleur de nuict, sçachant bien que c'est pour aller piller la maison d'autruy : ou, qui de propos deliberé fourniroient des armes à vn furieux, dont il se seruiroit pour meurtrir son prochain, ou se rendre homicide de soy-mesme.

D. Ie voy bien que ie vous diuertis trop long temps, mais encore ie vous prie d'agreer, que ie vous fasse deux ou trois demandes, qui me semblent extrememét necessaires en cette matiere. Posé donc que ces Partis, ces Aduances, ces Traitez & ces Prests, soient illicites & obligét à restitution. Le Roy qui semble seul interessé dans cette occasion, ne peut-il pas remettre ces gains sordides à ceux qui les ont receus, & les laisser dans la possession de ces richesses qu'ils ont amassées par des voyes si drües & si peu Chrestiennes?

R. Quelque Casuiste à la mode & de la nouuelle im-

preſſion, vous pourroit répondre, auec des diſtinctions ſi
alambiquees, que vous auriez de la peine à les cóceuoir.
Et moy ſuiuant les Canons de l'Egliſe & dans la ſincerité
du Chriſtianiſme, ie vous réponds ſimplement que non,
s'il ne veut luy-meſme ſe charger de la reſtitution, qui en
doit eſtre faite à ſon peuple, qui en a ſouffert la violence
& le larcin.

D. Quelle raiſon auez vous de cela, la choſe n'eſt pas
de ſi petite conſequence, qu'elle ne merite bien de la ſçauoir?

R. Il faut ſuppoſer pour l'entendre, que lors que l'on a
deſſein de faire des impoſitions & leuées ſur le peuple
par la voye des Partiſans, on fait vne maſſe cómune de ce
qui eſt neceſſaire pour l'Eſtat, & de la part qu'il faut pour
ceux qui prennent le Party ; de maniere que s'il faut par
exemple trois millions de liures, pour ſubuenir aux affaires, il en faut impoſer quatre, afin que les Partiſans ayent
leur part, & que le Roy aye touſiours, non pas ſon cópte,
comme l'on parle, mais pour parler plus Chreſtiennement, ce dont il a beſoin pour la manutention de ſon E-
ſtat. Ainſi, comme le bien des peuples n'eſt pas au Roy,
& qu'il n'en peut prendre que pour ſubuenir à la neceſſité & non pas dauantage: qui ne voit qu'ayant touſiours
ce qu'il luy faut, ce qui entre dans la bourſe des Partiſans
n'eſt point à luy, mais à ſes Subjets, auſquels il doit eſtre
rendu, & duquel il n'a point de puiſſance de les priuer,
pour le laiſſer en la poſſeſſion & ioüiſſance de ces ſang-
ſuës inhumaines.

D. Ie voudrois bien ſçauoir, quel eſt en ce point le
pouuoir des Magiſtrats? peuuent-ils pas les remettre &

les difpenfer de la reftitution?

R. Cette demande, à mon iugement, vous auroit fem-
blé inutile & fuperfluë fi vous y auiez bien penfé. Car fi
nous venons de monftrer, que le Roy mefme ne le peut
pas, fes Magiftrats le peuuent encore moins, lefquels n'a-
giffent qu'au nom & dans l'authorité qu'ils tiennent du
Prince. Ils font comme les Confeffeurs, qui n'ont point
de puiffance pour difpofer du bien d'autruy, fans leur có-
fentement, & les vns & les autres faifans la fonction de
Iuges, ils font obligez de faire rendre le bien à qui il appartient, fous peine de s'engager eux-mefmes dans l'obligation de reftituer.

D. Sont-ils obligez d'en pourfuiure la reftitution & la
punition pour le bien & l'exemple du public ?

R. Ouy, puis qu'ils font prepofez à la Iuftice, & que le
Roy leur cómettant fon authorité, s'eft déchargé fur eux
de ce qui regarde fon adminiftration, autrement ils pechent & font refponfables à la Iuftice de Dieu, auffi bien
qu'à celle des hómes. En effet fi nous les voyons tous les
iours agir auec tant de feuerité, contre les larrons particuliers, que pour le vol d'vn máteau en vn coin de ruë, ils s'e-
ftimeroient criminels s'ils ne faifoient prendre le voleur,
non tant pour l'expiation du crime, que pour l'exemple &
la terreur du public: que ne font-ils pas obligez de faire, &
quelles armes ne doiuent-ils point mettre entre les mains
de la Iuftice, pour punir ces brigandages publics, & par
cette vengeance arrefter le cours de ces peftes des E-
ftats & fangfuës des Republiques?

D. Si cela eft ainfi, ie trouue la condition des Magiftrats bien rude & bien perilleufe pour la confcience.

R. Il vous eſt libre d'auoir telle penſée qu'il vous plaira, ſur la difficulté qui ſe rencontre dans l'exercice de la Magiſtrature, mais cela n'empeſche point, que la verité ne demeure conſtante en la ſorte que ie viens de la propoſer, ſi l'on s'en veut ſeruir Chreſtiennement & ſelon les regles de l'Euangile. Auſſi l'Eſcriture Saincte deffend aux perſonnes de s'engager dans ces charges, ſi elles n'ont vn cœur maſle & genereux, pour reſiſter auec courage à la licence des méchants, & pour la punir auec le meſme eſprit lors qu'elle viendra à leur cognoiſſance, ſans ſe rendre eſclaues de la fortune, ny de la faueur, *noli quærere fieri iudex, niſi valeas irrumpere iniquitates.* Et ſi l'on ſçauoit les conditions & les qualitez, que l'on requeroit en la perſonne des Iuges dans l'ancienne Loy, il n'y a aucun qui ne reſtaſt eſtonné, en les comparant auec celles dont on ſe contente auiourd'huy, pour leur donner l'authorité ſur la vie & ſur les biens des hommes. N'eſtimez donc pas que la difficulté, en la matiere que nous traittons, puiſſe deuát Dieu ſeruir d'excuſe aux Magiſtrats, Ie le repete encore, que dans ce déplorable eſtar, ou ces harpies humaines ont reduit la France, & dans le peril de laquelle, celuy de l'Egliſe ſe rencontre, ils ſont obligez ſoubs peine de crime, non ſeulement de leur faire rendre gorge, mais de les punir. Et s'il ſe rencontroit quelqu'vn qui oſaſt tenir le contraire, il meriteroit d'eſtre l'anatheme des hommes, comme il le ſeroit en effeċt, & de Dieu & des Anges.

D. Et ſi le Roy d'authorité abſoluë les veut laiſſer dans la poſſeſſion de ces biens ſi iniuſtement amaſſez, qu'il faſſe vn Ediċt d'abolition, & l'enuoye aux Cours Souueraines pour le verifier.

R. I'ay

R. I'ay desia dit que par les regles de la conscience, le Roy ne le peut pas, parce que ce n'est pas son bien ; Et pour ce qui regarde les Magistrats des Cours Souueraines, ils ne seront point absous deuant Dieu, pour dire le Roy nous l'a commandé ; car comme ils sont establis & preposez pour seruir de lien entre le Roy & les peuples & pour l'administration de la Iustice auec equité, ils doiuent dire, SIRE, cela n'est pas iuste ; Ils doiuent faire leurs remonstrances, & si au preiudice d'icelles on veut passer outre, ils doiuent laisser agir la puissance Souueraine par elle mesme, sans y prester leur nom & leur consentement, & sa 1s se soüiller du sang de leurs freres, ny s'engager dans le peril de la restitution, par vne iniuste & illegitime approbation.

D. Mais comment faire cette restitution au peuple, puis que vous dittes que c'est à luy à qui le tort est fait: Faut-il aller dans les Prouinces & informer de ce dont chaque particulier peut auoir esté vexé, afin de le luy rendre ?

R. Non, il n'est pas necessaire de prendre cette peine, ny de proceder en la maniere que vous vous figurez, & qui seroit aussi ridicule comme impossible. Il y a vne autre façon de restituer & qui est fort aisée, qui est, de soulager le peuple d'autant, de ce qu'il doit contribuer pour la necessité de l'Estat, en luy imposant moins, ou en ne luy imposant rien du tout iusques à ce que le pressis de ces sangsuës soit employé. Par exemple, en cette année il faut trente millions de liures pour faire la guerre, il faut les prendre dans la bourse des Partisans, & des Traittans, & non pas les impo-

ser sur le peuple, qui par ce moyen se trouuant dispen-
sé de la contribution qu'il deuoit faire cette année , se
trouue par mesme voye restitué de ce que l'on luy a exi-
gé de trop les années precedentes. Et cette restitution
ainsi faite n'est-elle pas bien iuste ? n'est elle pas bien
aisée?

D. Vous me fermez la bouche, & i'aduouë que ie ne
me fusse point aduisé de cette ouuerture, qui certaine-
ment comme vous dittes , est bien aisée & bien iuste,
quand mesme elle ne seroit pas Chrestienne. Mais, s'il
vous plaist , & sans changer de propos. Les Partisans &
toute cette secte de gens, sont ils en seureté de conscience, pourueu qu'ils ne soient pas recherchez? Ces richesses leur appartiennent elles, & les peuuent ils garder
sans offence, pource qu'on ne les inquiete pas , soit
parce que l'on ne le sçait pas , soit parce qu'ils les tiennent cachées , soit pource qu'ils ont de la faueur & des
amis qui les mettent à couuert de la recherche?

R. Non. Car supposé ce qui est certain, que c'est vn
bien injustement acquis & qui ne leur appartient
point, quand il n'y auroit que Dieu seul , à qui rien ne
peut estre caché, qui en eust la connoissance , leur conscience n'en seroit pas moins chargée, ny moins obligée
de restituer: comme nous apprenons de l'Escriture Sain-
te, que le fratricide de Caïn ne fut pas moins abomina-
ble, encore qu'il n'y eust que Dieu qui en fust le témoin:
comme le larron qui vole vne maison durant l'obscu-
rité de la nuict, & lors que tous les domestiques sont
enseuelis dans le sommeil, est plus criminel & plus pu-
nissable, que s'il auoit commis le mesme larcin pendant

le iour, pource qu'il adiouste à son peché vne circonstā-
ce odieuse, qui luy donne liberté sur la vie comme sur
les biens. Ainsi les pretextes dont on se sert, pour rauir les
biens des peuples, ne sont que des circonstances, pour en
rendre le crime d'autant plus grand qu'on a moins de
liberté de s'en deffendre & de les preuoir. Et si celuy qui
a trouué quelque chose, ne peut licitement la garder, ny
l'estimer legitimement sienne, qu'apres s'estre informé
à qui elle peut appartenir: à plus forte raison, les Partisans
qui ont le sang des pauures sont ridicules, s'ils se persuadent qu'il leur appartient & qu'ils le peuuent retenir,
sous le pretexte qu'ils n'en sont pas recherchez, par les
raisons que vous auez proposées, ou telles autres qu'on
pourroit se figurer.

    D. Peuuent ils dénier, en estant interrogez par les
Iuges, à cause de leur honneur, dont il semble qu'ils feroient perte s'ils confessoient la verité, ayant tousiours
esté dans l'estime de personnes de merite & de probité
sans se mesler de ces infames commerces?

    R. C'est vne question qui est en controuerse parmy
les Casuites & dont ils ne seront de long temps d'ac-
cord, pour ce qui concerne la Confession ou negation,
lors que l'honneur s'y trouue notablement & insepara-
blement engagé. Cela neantmoins n'empesche pas, que
tous ne demeurent dans vn mesme sentiment, qu'il faut
absolument satisfaire à l'interest ciuil de la personne le-
zée, quelque circonstance qui puisse empescher d'ad-
uoüer le fait, pour la conseruation de l'honneur. Ainsi
quand on fulmine vn Monitoire, pour la reuelation d'vn
vol fait la nuict, encore que le voleur ne soit pas tenu de

se declarer, à cause de sa vie & de sa reputation qui y sont
interessez, il n'est pas pourtât moins obligé de restituer
que s'il l'auoit absolument declaré. Et cét exemple est si
clair, qu'il n'y a personne qui n'en puisse facilement faire l'application.

D. Ie voudrois bien sçauoir, comment les Côfesseurs
se doiuent comporter dans ces occasions, & s'ils peuuét
donner l'absolution à ces personnes, lors qu'elles se
presentent au Sacrement de Penitence?

R. Ouy, Pourueu qu'ils restituent actuellement &
entierement & non autrement : car sans cela leur absolution est nulle, & si auec le peché qu'ils commettent
ils s'engagent eux-mesmes dâs l'obligation de restituer.
Nous auons cy-deuant proposé l'exemple des Confesseurs, pour monstrer l'obligatió des Iuges, il ne faut aussi
en ce lieu, qu'appliquer ce que nous auons dit des Iuges,
pour connoistre quel est le deuoir des Confesseurs.

D. Peuuent ils pas appliquer ces restitutions en œu-
ures pies, comme en aumosnes, ornements d'Eglise, fa-
brique de Chapelles & telles autres actions de pieté
Chrestienne?

R. Non, parce qu'ils ne sont pas maistres du bien
d'autruy, & n'en peuuent aucunemét disposer à son preiudice, sans son consentement. Cela est bon pour vn bien
mal acquis ou possedé iniustement, lors qu'on en igno-
re, ou le maistre ou l'heritier, en ce cas il y a obligation
de le donner aux pauures, ou l'employer en autres œu-
ures de pieté, dont le merite & la recompense deuant
Dieu regarde non celuy qui restituë, car il ne donne rien
du sien, mais celuy à qui il appartenoit & qu'on ne luy

peut

peut rendre, ny aux siens, à cause qu'on ne les cognoist pas ; Mais il n'en est pas de mesme au sujet que nous traittons , parce qu'encore que l'on ne cognoisse pas chaque particulier, pour luy rendre sa cotte part ; C'est assez que l'on sçache que c'est le bien public, auquel on peut le restituer, comme i'ay dit auec facilité, en le mettant dans les coffres du Roy , afin qu'il s'en serue dans son vrgente necessité , & en soulage d'autant ses peuples, en les exemptant des Impositions dont le bien de son Estat le forceroit de les charger, pour sa conseruation & la leur.

D. Est-il permis de prester son nom aux Partisans pour mettre le bien à couuert , ou tenir en sa maison leur argent , effets & meubles, afin qu'ils soient en seureté & ne puissent estre découuerts ?

R. Non , Car s'est s'opposer au bien public & au particulier , & aux Loix de la Iustice & de l'equité. C'est estre receleur d'vne chose dérobée ; Et il est sans doute, qu'outre le peché mortel qu'il y a, lors que les sommes sont notables , l'on fait iniure à autant de personnes qu'il y en a d'interessées, & que l'on entre dans l'obligation de restituer.

D. Ceux qui ont veu cacher, ou transporter d'vne maison à autre, de l'argent, ou des meubles, sont ils tenus de le dire en estant interrogez ?

R. Ie dis bien dauantage , qu'ils ne doiuent pas attendre l'interrogation : qu'ils sont obligez de la preuenir, & d'en donner aduis, ou à la Iustice, ou à ceux qu'ils sçauét y estre interessez, ou qui ont pouuoir d'y apporter le remede necessaire, pour le repos des vns & des autres.

H

D. Les Officiers peuuent ils entrer dans les Partis?

R. Non, parce qu'ils sont Iuges, & que l'vne des principales conditions d'vn bon Iuge, est d'estre entierement des-interessé. Et s'il ne leur est pas permis d'estre les Iuges des causes qui regardent leurs parens, à plus forte raison ne peuuent-ils point cognoistre de celles, ou ils seroient engagez par leur propre interest.

D. Que diriez vous donc de ceux qui ne se contentent pas d'entrer en secret dans les Partis, mais qui en outre se font donner des Commissions du Conseil, pour connoistre de tous les differents qui regardent le Party, au preiudice de la iurisdiction des Iuges ordinaires?

R. Ie dis que cette demande est si estrange, qu'elle porte sa responce, par l'horreur qu'elle imprime en la proposant. Bon Dieu! se pourroit il bien faire, qu'il y eust des Officiers si peruertis d'esprit & perdus de conscience? Et neantmoins on le dit, & mesme dans Paris, & qu'on l'a obserué dans le Party des Amortissements sur le Clergé. A quoy ie n'a y que les souspirs & les larmes pour toute responce.

D. I'ay du desplaisir de vous auoir fait cette proposition, puisque vous en estes si fortement touché, ayant bien iugé qu'elle n'estoit pas necessaire; Et pour vous diuertir de cette pensée, Dittes-moy, s'il vous plaist, en matiere de restitution, suffit-il à ces Partisans & hommes d'affaires qui traittent immediatement auec le Roy ou auec ses Ministres, de restituer ce qu'ils ont receu du bien du peuple & qui est tourné en leur profit particulier. En vn mot, ont-ils satisfait à la iustice de Dieu, en rendant ce qui est entré dans leurs coffres?

R. Non, Ce n'est pas assez, ils sont encore responsables de toutes les vexations illegitimes qui ont esté faites par leurs Commis, & toutes autres personnes employées à leurs receptes. Il ne faut point de preuue pour cette resolution ; Elle se iustifie d'elle-mesme, Car s'il y a obligation de reparer le dommage, qu'auroit fait vn beuf ou vn cheual dans l'heritage d'autruy ; Si vn Capitaine est responsable des violences d'vn soldat, à plus forte raison le sont les Partisans, de ceux qu'ils employent en leurs Commissions, ou ils agissent sans crainte & auec impunité. Iugez de là, à quelles restitutions ils ne sont point obligez, par tant d'excez & de voleries commises par ces Commis, & par cette engeance maudite de fuziliers, demons incarnez & non pas des hommes, qui auec le feu, le fer & le sang, exerçoient plus de cruauté en leuant la Taille, que ne feroient des Barbares en vn païs de conqueste.

D. Les enfans auancez dans les charges, ou les filles mariées de cette sorte de biens, sont-ils obligez de restituer?

R. Ouy. Le Canon y est formel, principalement lors qu'ils ont connoissance que ces biens ont esté acquis par cette voye. Ainsi ces sommes immenses que l'on donne en mariage à des filles de neant, qui excedent celles des Princesses ; Ces grandes charges de prix presque inestimable, que l'on voit acquises & possedées par des personnes tirées de la lie du peuple, & dont les peres peut-estre ont porté la mandille, ou sont venus à Paris auec des sabots, monstrent bien la professió qu'ils ont exercée, de quelle sorte ces facultez sont acquises, sur qui elles ont esté pillées, & à qui elles doiuent estre restituées, si l'on ne veut participer à la damnation eternelle, de ceux qui les ont si iniustement amassées.

D. Ie ne me lasserois iamais de vous interroger, tant vos resolutions sont Chrestiennes & conuainquantes, ie supersede pourtant afin de ne point exceder en importunité.

R. Vous pouuez continuer sans cette apprehension si vous l'auez agreable.

D. C'est assez pour cette rencontre. En vne autre occasion, puisque vous le trouuez bon, Ie vous prieray de m'esclaircir sur quantité de difficultez qui me donnent du scrupule touchant l'administration des Finances dans les charges de Chancellier, Surintendant, Intendants, Secretaires, & tous les autres Officiers qui composent le Conseil, qu'on appelle de Direction ou de Finances.

R. Ce sera quand il vous plaira, la matiere n'est pas moins importante ny difficile que celle que nous venons de traitter. En attendant, ie me recommande à vos sainctes prieres.

F I N

La Cour a permis à Cardin Besongne, d'imprimer, vendre & debiter le present Liure intitulé, *Le Catechisme des Partisans*.

www.ingramcontent.com/pod-product-compliance
Lightning Source LLC
La Vergne TN
LVHW021759060726
842528LV00003B/1045